Anne Graefen

Fachdidaktik Arbeitslehre. Eine Lernzusammenfassung

GRIN Verlag

Bibliografische Information der Deutschen Nationalbibliothek:

Die Deutsche Bibliothek verzeichnet diese Publikation in der Deutschen National-
bibliografie; detaillierte bibliografische Daten sind im Internet über http://dnb.d-
nb.de/ abrufbar.

Impressum:

Copyright © 2005 GRIN Verlag GmbH
Druck und Bindung: Books on Demand GmbH, Norderstedt Germany
ISBN: 978-3-656-71979-3

Dieses Buch bei GRIN:

http://www.grin.com/de/e-book/278409/fachdidaktik-arbeitslehre-eine-lernzusam-
menfassung

GRIN - Your knowledge has value

Der GRIN Verlag publiziert seit 1998 wissenschaftliche Arbeiten von Studenten, Hochschullehrern und anderen Akademikern als eBook und gedrucktes Buch. Die Verlagswebsite www.grin.com ist die ideale Plattform zur Veröffentlichung von Hausarbeiten, Abschlussarbeiten, wissenschaftlichen Aufsätzen, Dissertationen und Fachbüchern.

Besuchen Sie uns im Internet:

http://www.grin.com/

http://www.facebook.com/grincom

http://www.twitter.com/grin_com

1. Didaktik

KLEDZIK – Seminarpapier:

Theorie und Praxis des Lehrens und Lernens
Gegenstände in bestimmter Absicht und in bestimmten Situationen in den
Erkenntnis-, Erlebnis- und Tätigkeitshorizont des Lerners zu bringen (Pestalozzi:
Kopf, Herz, Hand)
Erklärung:
Lernanlass mit bestimmter Intention/Lernzweck muss gegeben sein. Dieser
Gegenstand soll dann in den Erkenntnis-, Erlebnis- und Tätigkeitshorizont des
Lerners gebracht und anschließend in verändertes **Verhalten/Handlungen**
(Hauptziele des Unterrichts) umgesetzt werden (Nürnberger Trichter)

Lernen (Vorgang): Veränderung von Menschen, nicht auf Reifungsprozesse
zurückzuführen
Learning by doing, Verstehen fängt beim Selbermachen an; einen Vorgang
internalisieren, zum Selbst nehmen
Bildung (Ergebnis): Verinnerlichung und Übersetzen ins Handeln, zum Selbst
nehmen

- Eher schwache Berücksichtigung der Didaktik im Vergleich zur
  Fachwissenschaft.
- Didaktik ist ein Teilgebiet der Erziehungswissenschaft (deshalb wird auch
  beides zusammen geprüft) und bei den Fachdidaktiken auch bezogen auf die
  Fachwissenschaft. Es geht um die Auswahl von Lerninhalten und die
  Vermittlung von Wissen.

- Internationale Tendenz: **Input/Output**
  Früher (seit der Denkschrift zur inneren Schulreform 1961): verstärkter Input
  (Verbesserung der äußeren Bedingungen durch finanzielle Mittel (besser
  ausgebildete Lehrer, neue Gebäude und materielle Ausstattung der Schulen,
  Entwicklung von neuen Lehrmaterialien etc.)
  Erwünschtes Ergebnis: Automatische Verbesserung von Unterricht und Erziehung
  „Schule soll besser werden", positives Schulergebnis für alle Schüler, Sozialer
  Mensch mit gesteigerter Intelligenz; → funktionierte nicht (in England werden
  diese Erwartungen heute als Fehlerwartungen beurteilt)
  Heute: Output-Modell (Für die zur Verfügung gestellten Materialien,
  Voraussetzungen und Bedingungen wird Verantwortung eingefordert,
  Überprüfung, ob sich das Output mit dem zur Verfügung gestellten Input
  verbessert hat: konnten Leistungen angehoben und Abschlüsse gesteigert
  werden?
  Internationale Tendenz: Beurteilung der Schüler über ihre Leistungsergebnisse
  (Kontrolle; Vergleichstests; klare Bildungsstandards)

Am Ende der Pflichtschulzeit sollte eine Qualifizierung stehen, nicht mehr als Abschluss, sondern als **Anschlussvoraussetzung**

- **Elite** kann nicht einfach durch Benennung einzelner Schulen oder Universitäten zustande kommen, sondern bildet sich heraus (selbst Aufträge annehmen, Motivation, Ehrgeiz . . .)

JANK; MEYER 1994/2002, Didaktische Modelle:

Ursprung, Definition:

Das Wort „Didaktik" stammt **vom griechischen Verb „didáskein"** ab und kann sowohl aktiv (als „lehren" oder „unterrichten") wie auch passiv (als „lernen", „belehrt werden", „unterrichtet werden") und medial („aus sich selbst lernen", „ersinnen", „sich aneignen") übersetzt werden.
Das vom Verb abgeleitete Substantiv „dídaxis" bedeutet: Lehre, Unterricht, Unterweisung.
Im Lateinischen wurde „didactica" als griechisches Fremdwort übernommen.

*Was ist die **Aufgabe** der Didaktik?*

„Die Aufgabe der Didaktik als Handlungswissenschaft ist es, den Lehrern praktisch folgenreiche Handlungsorientierungen zu geben."
Das didaktische Handeln ist der zentrale Gegenstand der Didaktik. Handlungen sind alle beobachtbaren Aktionen und Reaktionen in einer Lehr-Lern-Situation sowie auch die Denkhandlungen.

Theorie:
1. Planung / Präskription (Entwürfe liefern für die Verbesserung von Lehr- und Lernsituationen)
2. Analyse / Deskription (Feststellen, wie Unterricht beschaffen ist)

Praxis:
3. Inszenierung von Unterricht (Prozessebene: konkreter Vollzug von Unterricht im gemeinsamen Handeln von Lehrern und Schülern in der Schulpraxis)

Über diesen drei Ebenen steht noch die Metaebene (Systematische Reflexion der Bedingungen und Konsequenzen / Kritik)

Die Didaktik kümmert sich um die Frage,
- wer (nicht nur auf die Schüler bezogen; der Mensch lernt das ganze Leben lang)
- was (Frage nach den Lern-, bzw. Lehrinhalten: Lehrplan- oder Curriculumtheorie)
- von wem (geregelte Seminarausbildung erst Ende des 18. Jh., damals kirchliche Aufsicht, später erst staatliche)

- wann (entwicklungspsychologische, lerntheoretische, curriculare Betrachtungsweise)
- mit wem (sortiert nach Leistungsvermögen, heterogen, integrativ, Jahrgangsklassen oder jahrgangsübergreifend)
- wo (überall, wo es etwas zu lernen gibt; bes. Familie und Schule)
- wie (Methodenfrage)
- womit (Medienfrage)
- warum (= Begründungsfrage) und wozu (= Zielfrage)   lernen soll.

→ Didaktik mehr als nur ‚was' und ‚wie', kann seriös nur als Wissenschaft betrieben werden

Def.: Allgemeindidaktiken sind Wissenschaften, die theoretisch umfassend und praktisch folgenreich die Voraussetzungen, Möglichkeiten, Folgen und Grenzen des Lernens und Lehrens erforschen und strukturieren.

Historische Entwicklung:

„Didactica" tauchte in der frühen Aufklärung des 17. Jh. dann bei Wolfgang **Ratke** und Johann Amos **Comenius** wieder auf. Sie waren die ersten, die das planvolle Lehren und Lernen in einen pädagogischen Bedeutungszusammenhang stellten. **Mit ihrem Wirken begann die Entwicklung der allgemeinen Didaktik als Wissenschaft.**
Comenius schrieb 1628/38 die „**Didactica magna**", ein theoretisch umfassendes und praktisch ausdifferenziertes Programm für die Gestaltung von Schule und Unterricht.
Ziel: Hinführung der heranwachsenden Generation zu einem gottgefälligen Leben.

Die Didaktik, wie wir sie heute kennen, hat sich schrittweise aus Unterrichtslehren und Hauslehrerhandreichungen entwickelt:
- **Johann Friedrich Herbart** (1776-1841): „Allgemeine Pädagogik, aus dem Zweck der Erziehung abgeleitet" (1806) → Erster Entwurf einer konsequent an den lernenden Subjekten orientierten Didaktik. „Unbedingter Zweck der Erziehung" sollte die Entwicklung der Person des „Educandus" und die Förderung der Selbstbestimmungsfähigkeit des Einzelnen sein.
- Herbarts Schüler, die **Herbartianer** machten aus diesem Ansatz die Formalstufentheorie – eine Technik des Stundenhaltens, über deren Vor- und Nachteile sich die Wissenschaftler bis heute streiten (Vorbereitung, Darstellung, Verknüpfung, Zusammenfassung, Anwendung)
- Mitte des 20. Jh. haben Autoren wie Erich **Weniger** (1894-1961), Wolfgang **Klafki** (geb. 1927), Herwig **Blankertz** (1927-1983), Paul **Heimann** (1901-1967) und Lothar **Klingberg** (1926-1999) didaktische Theorien entwickelt und damit die Didaktik als Wissenschaft etabliert.

KRON: Grundwissen Didaktik

Bestimmung der Didaktik nach Gegenstandsfeldern:

Didaktik ist die Wissenschaft vom Lehren und Lernen (Dolch, Peterßen). Sie befasst sich mit dem Lernen in allen Formen und dem Lehren aller Art auf allen Stufen ohne Besonderung auf den Lerninhalt.

Didaktik als Wissenschaft vom Unterricht (Heimann, Schulz)

Didaktik als Theorie der Bildungsinhalte (nach Klafki)

Didaktik als Theorie der Steuerung von Lernprozessen; programmiertes Lernen (nach Cube)

Didaktik als Anwendung psychologischer Lehr- und Lerntheorien (nach Roth)

2. Verschiedene Formen

JANK; MEYER 1994/2002, Didaktische Modelle:

a) *Stufendidaktiken und Schulformdidaktiken*: erforschen und strukturieren didaktisches Handeln in Schulformen und Stufen, zurückzuführen auf das gegliederte Bildungssystem in Deutschland, Berücksichtigung anthropogener Bedingungen (Grundschuldidaktik, Didaktik der gymnasialen Oberstufe, Sonderpädagogische Didaktik, Berufsfelddidaktik, Hochschuldidaktik, Erwachsenendidaktik usw.)

b) *Bereichsdidaktiken*: erforschen und strukturieren didaktisches Handeln in interdisziplinär angelegten schulischen und außerschulischen Aufgabenfeldern (Friedenserziehung, Sexualerziehung, Gesundheitserziehung usw.)

c) *Fächerintegrierende und fächerübergreifende Didaktiken*: verbinden früher getrennt unterrichtete Fächer zu neuen Einheiten

d) *Fachdidaktik* (im Kern erziehungswissenschaftliche Disziplin): Didaktik sämtlicher Fächer des allgemein- und berufsbildenden Schulwesens Spezialwissenschaften, die theoretisch umfassend und praktisch folgenreich die Voraussetzungen, Möglichkeiten, Folgen und Grenzen des Lernens und Lehrens in einem schulischen oder außerschulischen Lernfeld erforschen und strukturieren.

4

Fachdidaktik Arbeitslehre
Grundzüge der Konzeption (Merkmale)

1. Arbeitslehre ist ein **selbstständiges Fach** (etablierter Ort für einen Bereich in der Schule)
- Nicht Prinzip oder Lernfeld!
- in Hauptschule, Realschule und Gesamtschule
- im Pflicht- und/oder Wahlpflichtbereich
- ersetzt frühere Fächer wie Werken oder Nadelarbeit
- Aufteilung in Haushalt, Technik, Wirtschaft und Beruf

2. „Anstrengung des Begriffs" soll angestrebt werden (Begriff wird in seinem Zusammenhang entfaltet: Arbeit und Lehre – Verbindung von **Praxis und Theorie**) → ohne Reflexion zu vermeiden; nicht nur pragmatisch/handelnd (nicht nur Praxis); Deutsch ist Prinzip

3. **Dimensionen**: kognitiv, pragmatisch, emotional

4. **Aktionsformen**: Gespräch steht im Vordergrund, aber auch betreute und selbstständige Schülertätigkeit und Demonstration. Ergebnis der Arbeit ist ein vorzeigbares Werk (Klafki) / Produkt (in AL: Gebrauchswert, am Wertmaßstab des Marktes orientiert)

5. **Methodik**: Vornehmlich **projektorientierter Unterricht**, Ausprägung von Verfahren mit Realitätsbezug (Projekt/Exkursion/Lehrgang/Übung/Praktikum); Förderung der Entscheidungsfähigkeit (Planspiel, Fallstudie u. a.) → **Öffnung von Schule**

6. **Koedukation** ist Prinzip.

7. Arbeitslehre ist **vorberufliche Bildung**, nicht Berufsfindung oder Teil der Berufsausbildung. (Berufswahlinformation → heute: Berufsorientierung). Orientierung am Wertmaßstab des Marktes)

8. Die Komplexität der Berufs- und Arbeitswelt wird **didaktisch reduziert** auf

   PLANUNG (langfristig, Zeiten gebunden) – **BERECHENBARKEIT (QUANTIFIZIERUNG,** in Zahlen ausgedrückt) – **ORGANISATION (**zeitliche Abfolge von Schritten**)**

   von Arbeit des **berufstätigen** und **haushaltenden** Bürgers. Wir können nicht alles zeigen und erklären. Zurückführung auf Einfacheres, Grundsätzliches, Verminderung, Verkleinerung → exemplarisches Lernen
   Die Vermittlung von Berufsbildern wurde aufgegeben. Mittlerweile: über 400 Ausbildungsberufe plus Erwerbsbeschäftigungen

9. Verflochtenheit/gegenseitige Abhängigkeit technischer, wirtschaftlicher und politisch-gesellschaftlicher Gegebenheiten werden unterrichtlich verdeutlicht (**Interdependenz**) → Beispiel: Lebensmittelbranche – Produktion / Verarbeitung, Preisvergleich, Biosiegel) → nicht monokausal, sondern ganzheitlich, d.h. der Wirklichkeit entsprechend, Einseitigkeit wird aufgelöst, Öffnung von Schule

10. Leitendes Interesse: **Situation und Perspektive des künftigen Arbeitnehmers und Konsumenten**

> LERNZIELE wie: - unterschiedliche Ansätze werten
> - Positionen beziehen
> - Kompromisse finden
> - Standpunkte gewinnen, überprüfen, präzisieren

Arbeitslehre ist ein Fach, das sich dem Zugriff der traditionellen Einzelfächer entzieht (Kledzik). Es finden sich verschiedene Elemente wieder: z.B. Technik, Wirtschaft, Berufsentwicklung, Haushalt, Politik/Gesellschaft, Ernährungslehre etc. Arbeitslehre ist Teil der sozial-ökonomisch-technischen Bildung und meint die Einführung der Schüler in die Arbeits- und Berufswelt. Grundlegende Fakten und Zusammenhänge von Technik, Wirtschaft, Gesellschaft und Politik (Interdependenz!) sollen vermittelt werden. Arbeitslehre vermindert den Modernitätsrückstand zur Arbeitswelt. Historisch stellt die Arbeitsschulbewegung (Reformpädagoge Kerschensteiner) einen Vorläufer der heutigen Arbeitslehre dar. Ziel: Berufswahlreife Erster Lehrplan in Berlin: 1969, zweiter Lehrplan: 1983 Aktueller Lehrplan von: 1999 Unter Arbeitslehre versteht man . . . (siehe Blatt CO)

Seit wann wird AL unterrichtet, Begriffsklärung

3. Methodik - Didaktik

BÖHM: Wörterbuch der Pädagogik; <u>KRON</u>: Grundwissen Didaktik
Verfasst von: Barbara Rusch
Microsoft® Encarta® Enzyklopädie Professional 2003. © 1993-2002 Microsoft Corporation. Alle Rechte vorbehalten.
Methodik (griechisch: die Kunst des planmäßigen Vorgehens)
- Verfahrensweisen, die den Unterricht strukturieren (nach HEIMANN)
- Methodik beschäftigt sich mit der Frage nach dem „wie?"
Lehre von den Unterrichtsmethoden, d. h. der **Art der Unterrichtsgestaltung**, den **Wegen**, **Organisationsformen** und den **Lehrverfahren**, die **zum Erreichen von Lernzielen** eingesetzt werden können.

6

- In der Schulpädagogik ist die Methodik die **ergänzende Theorie zur Didaktik**
- **Primat der Didaktik über die Methodik** (Weniger, Klafki); systematische Überordnung. „Methodische Erwägungen setzen immer schon didaktische voraus."
- Methodik als **Teildisziplin der Didaktik**, für sich allein genommen nicht lebensfähiges Teilgebiet der Didaktik, Wechselverhalten aufgrund von Arbeitsteilung (Jank; Meyer und klassische Päd. Hochschulen).

Während sich die Didaktik sowohl mit den wissenschaftlichen Theorien des Lernens als auch mit den Bildungslehren und Theorien zu Bildungsinhalten und zur Lehrplangestaltung befasst, dient die Methodik der **Erforschung der Umsetzung, Anwendung und Vermittlung der Lehrziele in der Praxis**.
Jede pädagogische Methodik hat die Spontaneität des Zöglings bzw. Schülers in Rechnung zu stellen, da jeder wirkliche Erziehungs- und Lernakt letztlich vom Schüler selber vollzogen werden muss (Selbsterziehung, fruchtbarer Moment)

Definition: Das Wort Methode kommt vom griechischen Wort „méthodos" und bedeutet Weg zu einem bestimmten Ziel hin, das anzugehen, was man sich vorgenommen hat. Die Methode zeigt, <u>wie</u> ich etwas erreichen kann.
In Bezug auf Unterricht bedeutet Methode, der Erziehungspraxis Handlungsanweisungen bereit zu stellen, deren Befolgung das Erreichen der gesetzten Erziehungs- und Bildungsziele sicher stellt oder zumindest wahrscheinlich macht.
Die Methodenkompetenz des Schülers besteht aus der Fähigkeit, den eigenen Arbeits- und Lernprozess bewusst, zielorientiert, ökonomisch und kreativ zu gestalten. Die Vermittlung von Methoden ist eine zentrale Aufgabe des Lehrers, denn vielen Schülern fehlen Methoden und Techniken zur Planung und Steuerung ihres eigenen Lernens und selbstständigen Arbeitens.
Zitat nach Klippert: „Nur wer gelernt hat, seinen eigenen Lernprozess selbstständig zu organisieren, wird unabhängig werden von fremdbestimmten Lernprozessen und damit die notwendige Selbstständigkeit in späteren Entscheidungs- und Handlungssituationen erlangen."

Verfasst von: Andreas Nohl
Microsoft® Encarta® Enzyklopädie Professional 2003. © 1993-2002 Microsoft Corporation. Alle Rechte vorbehalten.
Unterrichtsmethoden, die Art und Weise, wie Lehrer ihren Unterricht gestalten und damit den Lernenden das zu vermittelnde Wissen darbringen. Die Unterrichtsmethode ist das entscheidende formgebende Modell, mit dem der Lehrer neben Lernziel und Lerngegenstand darüber entscheiden kann, wie die Lernvorgänge der Schüler strukturiert werden. Dazu muss er den Lernprozess bereits vor der inhaltlichen Ausformung des Unterrichts ins Auge fassen. Der Gliederung des Stoffes, die sich an Lernschritten orientiert, entspricht eine Bereitstellung von Lernhilfen. Zur methodischen Vorentscheidung gehört aber auch die Perspektive, ob der Lehrer ganzheitlich, mit der Lerngruppe den Prozess der Aneignung entwickelnd oder autoritativ feststellend vorgeht. Danach bemisst sich die Unterrichtsform: Einzel-, Gruppen- oder dozierender Frontalunterricht. Diese

Entscheidungen befinden sich im Spannungsfeld von erzielbarem Lernerfolg, Gruppenerwartung und den je eigenen Fähigkeiten bzw. Begrenzungen des Lehrers.

4. Medien

Def.: Medium (lat.): Mitte, Mittelpunkt
im übertragenen Sinne: Öffentlichkeit; das, was allen zugänglich ist
- Teilgebiet der Didaktik
- Medien beschäftigen sich mit der Frage nach dem „womit?"
- Heimann löste als erster die Medienproblematik von den Methoden
- Intention, Gegenstand und Medium müssen in Harmonie stehen

Lehrer als Medium (Erziehung durch Faszination)
Verwendungszwecke:
1. Um Totalität zu vermeiden **übernehmen** die Medien **Lehrfunktionen:**
a) Ausweitung/Anreicherung: z.b. durch Tafel, OH → Lehrer tritt aus dem Zentrum
b) Ersetzung: z.B. Lernsoftware, Schulfernsehen, anderer Lernort (Exkursion, Praktika), Experten einladen
2. Medien dienen der Veranschaulichung → Erweiterung des Erkenntnis- und Erlebnishorizonts der Schüler
3. Individualisierung und Differenzierung → Aktivierung/Motivation der Schüler; Förderung der Selbstständigkeit
4. Multiplikationseffekt

Medien sind in erster Linie Träger von Botschaften.
Die Sprache kann als entscheidender Träger der schriftlichen als auch mündlichen Kommunikation genannt werden. Wird dieses *Urmedium* beiseite gelassen, gibt es drei klar unterscheidbare Ebenen des Begriffsgebrauchs (vergl. Baacke 2000, S. 315):

- Medien transportieren Informationen (technischer Bereich, Bedienung von Medien)
- Medienangebote als Botschaft (Inhalt und die Gestaltung von Medien. Entscheidend ist die Wirkung, die Medien beim Empfänger bzw. Nutzer erzielen)
- Medien als große Institutionen (stellen dementsprechend Produkte, hier Medienbotschaften, her und verteilen diese mithilfe von Rundfunkanstalten, Radiostationen, Zeitungsredaktionen, Buchverlagen und Plattenlabel. Diese Verbreitung hat zum Begriff der *Massenmedien* beziehungsweise *Massenkommunikationsmittel* geführt)

Medien können der Kommunikation, der Aufklärung sowie der Manipulation dienen.

5. Didaktische Reduktion

planen – berechnen – organisieren
Exemplarisches Lernen (Steindorf, S. 85 ff.)
Vom Besonderen zum Allgemeinen (Induktion)

http://bebis.cidsnet.de/weiterbildung/sps/allgemein/bausteine/ziellenk/didatrans/didan
alys.htm#3.3

http://www.wipaed.wiso.uni-goettingen.de/~ppreiss/didaktik/legred96.html

5.1. *Bedeutungsinhalt der didaktischen Reduktion*

5.1.1 Rechtfertigungsgründe

Der Unterricht **kann nicht die ganze, umfassende Wirklichkeit** in allen ihren Erscheinungsformen **erfassen**.

Zum anderen kann **dieselbe Thematik** in **verschiedenen Stufen des Bildungswesens** auftreten. Das bedeutet, dass sie wegen der verschieden definierten Schülergruppen **unterschiedlich aufbereitet und reduziert** werden muss.

Ziel:

- Umfang und Schwierigkeit des Lernstoffes müssen soweit begrenzt bzw. herabgesetzt werden, dass er in der zur Verfügung stehenden Zeit behandelt sowie von den Schülern lernend und verstehend bewältigt werden kann.
- Sachverhalte sollen überschaubar und begreifbar dargestellt werden.

In Verbindung mit den Reduktionsentscheidungen bewährt sich in der Regel eine bewusste **Schwerpunktsetzung** (exemplarisches Lernen).

5.1.2. Arten der Reduktion

Bei der didaktischen Reduktion lassen sich die quantitative und die qualitative Betrachtungsweise unterscheiden:

Quantitativ:

- **Eingrenzung:**

  Der Umfang des Unterrichtsgegenstandes wird soweit eingegrenzt, dass dessen Bearbeitung in der zur Verfügung stehenden Zeit möglich ist.

Hier erfolgt eine **gezielte Auswahl von Einzelgegenständen aus der abzubildenden Wirklichkeit**. Im Gegensatz zur qualitativen Reduktion wird hier der **Gültigkeitsumfang des Unterrichtsgegenstandes eingeschränkt**. So werden z.B. im Geschichtsunterricht nur ganz bestimmte Epochen herausgegriffen; es erfolgt keine umfassende Abbildung der gesamten Menschheitsgeschichte. Eine Auswahl kann nach folgenden Kriterien erfolgen:

- o wissenschaftliche, weltanschauliche und soziale Relevanz
- o Lebensnähe
- o Bekanntheitsgrad in der Öffentlichkeit
- o Schülergemäßheit hinsichtlich Leistungsfähigkeit und Motivation
- o Bedeutung für den Bildungsgang

Qualitativ (Konzentration des Inhalts auf wesentliche Elemente):

Bei der qualitativen Reduktion handelt es sich um eine didaktische Vereinfachung. Man kann sie auch als einen Übergang von einer differenzierten Aussage zu einer Aussage, die nur das

- o Allgemeine und
- o Wesentliche beinhaltet, umschreiben.

Hierbei treten jedoch zwei Problembereiche auf:

1. Der didaktische **Übergang in die vereinfachte Aussage muss wissenschaftlich zulässig** sein. Um dies zu gewährleisten, bedient man sich eines **Zulässigkeitskriteriums**. Dieses besagt, dass der **Übergang von der vereinfachten Aussage zurück in die Ausgangsaussage widerspruchsfrei** sein muss.

2. stellt sich die Frage: Was ist Allgemein bzw. Wesentlich?

Die Antwort auf diese Frage muss **am Lernenden orientiert** sein. Das bedeutet, dass die Lerngruppe genau definiert sein sollte. Damit müssen auch anthropogene Voraussetzungen berücksichtigt werden wie Geschlecht, Alter, Milieu, Aufnahmekapazität der Schüler und Vorgeprägtheit der Teilnehmenden.

Bei der qualitativen Reduktion **bleibt der Gültigkeitsumfang erhalten**. Die vereinfachte Aussage trifft immer noch genau auf den Sachverhalt der Ausgangsaussage zu. Es erfolgt lediglich eine **Ausdünnung des Inhaltes** in sich.

- **Vereinfachung**:
  Die Schwierigkeiten des Unterrichtsgegenstandes werden vereinfacht.

- **Verdichtung**:
  Detailreichtum und Komplexität des Unterrichtsgegenstandes werden herabgesetzt. Konzentration arbeitet die wesentlichen Aspekte heraus.

- **Straffung**:
  Die Unübersichtlichkeit des Unterrichtsgegenstandes wird herabgesetzt, sein Gehalt herausgearbeitet.

- **Veranschaulichung:**
  Ein abstrakter Unterrichtsgegenstand wird anschaulich gemacht.

- **Isolierung:**
  Der Unterrichtsgegenstand wird aus seinen verwickelten Zusammenhängen gelöst und durch Isolation fassbar gemacht.

6. Didaktische Modelle

Lerntheoretische Didaktik (Otto/Schulz)
Bildungstheoretische Didaktik (Weniger, Riedel, Klafki)
Dialektische Didaktik (Klingberg)
Systemtheoretische Didaktik (König, Riedel)
Strukturtheoretische Didaktik (Blankertz)
Kommunikative Didaktik (Schaller)
Lernpsychologische Didaktik (Gagné)
Konstruktivistische Didaktik

6.2. Berliner Modell (Heimann, Otto, Schulz) – Unterrichtsanalyse und –planung von 1962

Dimensionen und Strukturmerkmale nach HEIMANN:

KLEDZIK – Seminarpapier:

Dimensionen	kognitiv: Erkenntnisse, Kenntnisse, Überzeugungen emotional: Anmutung, Erlebnis pragmatisch: Handeln, Machen, Beherrschen
Strukturmerkmale	Intentionalität/Absicht/Zweck Thematik: Ein Gegenstand wird durch Bestimmung zum Thema Methodik: Verfahrensweisen, die den Unterricht strukturieren (Heimann), Aktionsformen Medien: Muster, Abbildungen, Modelle (Heimann: als erster von den methodischen Entscheidungen abgehoben)
Anthropogene Voraussetzungen	Alter, Geschlecht, Milieu, Individuallage, Lernkapazität
Sozialkulturelle Voraussetzungen	Lernen ereignet sich in der sozialkulturellen Gesamtsituation
Lerntypen	verbal: Nachvollzug von Begriffen, Formeln visuell: Lesen, Experimentieren, Beobachten, Erproben Anschauung ist das Fundament aller Erkenntnis auditiv: Zuhören, Formeln begreifen, Begriffe verstehen haptisch: Be-greifen, Anfassen, Spüren, Selbst machen Haptik = Tastsinn

Lernen als Leitbegriff seiner Didaktik.

Def.: Lernen = überdauernde Veränderungen von Verhaltensdispositionen, soweit sie nicht auf Reifung, Alterungsprozesse oder Traumata zurückzuführen sind (→ lernpsychologischer Ansatz);

HEIMANN knüpft darüber hinaus an umgangssprachliche Bedeutung des Lernbegriffs an:
a) sich Wissen aneignen → Reproduktion von Gedächtnisinhalten *(z. B. wann die erste Mondlandung war)*
b) sich etwas einprägen → Prozess des Einprägens *(z. B. Gedicht od. Telefonnummer auswendig lernen)*
c) Fertigkeiten erwerben → häufig haptischer Bezug; Erlernen von kognitiven od. psychomotorischen Fertigkeiten *(z. B. Radfahren od. logisch denken lernen)*
d) Zu einem bestimmten Verhalten durch Erfahrung od. Einsicht kommen → Lernen von Verhaltensstrategien im Unterschied zum Gedächtnislernen *(z. B. einsehen, dass es zweckmäßig ist, sich an Verkehrsregeln zu halten)*
(Lerntypen, Dimensionen)

ASCHERSLEBEN; JANK/MEYER:

- 1962 von Paul Heimann entwickelt
- als **Kritik an der bildungstheoretischen Didaktik**
- Kritik an der Lehrerbildung
- zunächst zur **Analyse**, dann erst zur Planung von Unterricht
- praxisnahe Strukturierung des Phänomens Unterricht
- als Theorie des Unterrichtens sollte seine erfahrungswissenschaftliche Erforschung ermöglicht werden

Heimann wollte eine Theorie des Unterrichts auf erfahrungswissenschaftlicher Grundlage entwickeln (→ wurde identisch mit Begriff der Didaktik)

Die Systematik der Berliner Didaktik (Gerüst der sechs Strukturmomente/Konstanten):

1. **Reflexionsebene: Strukturanalyse/Kategorialanalyse**
   Aufgabe: getroffene Entscheidungen klarlegen und die angenommen Voraussetzungen erfassen

Die Strukturmomente des Unterrichtens

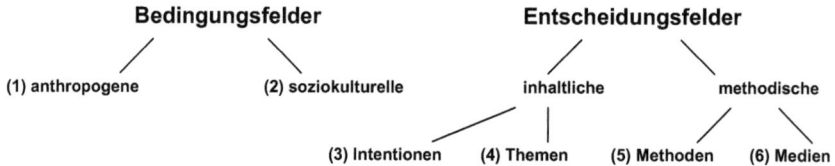

Bedingungsfelder		Entscheidungsfelder	
(1) anthropogene	(2) soziokulturelle	inhaltliche	methodische
		(3) Intentionen (4) Themen	(5) Methoden (6) Medien

Strukturmerkmale:

In welcher Absicht tue ich etwas?	Intention
Was bringe ich in den Horizont des Kindes?	Thema
Wie tue ich das?	Methode
Mit welchen Mitteln verwirkliche ich das?	Medien (zum ersten Mal abgelöst Von den Methoden)
An wen vermittele ich das? In welcher Situation vermittle ich das?	Anthropogene und soziokulturelle Voraussetzungen und Folgen

Drei Prinzipien:
1. Prinzip der **Interdependenz** – die Strukturmomente stehen in einem wechselseitigen Abhängigkeitsverhältnis
2. Prinzip der **Variabilität** – unvorhergesehenes Schülerverhalten während des Unterrichts muss berücksichtigt werden und macht flexible Unterrichtsplanung notwendig
3. Prinzip der **Kontrollierbarkeit** – der Unterrichtserfolg sollte überprüft werden können

2. Reflexionsebene: Faktorenanalyse
<u>Aufgabe</u>: Durchleuchtung der Faktoren auf wissenschaftlicher Grundlage
a) Normenkritik (Aufklärung und bewusste Assimilation aller Ideologie-Bestände durch das kontrollierende Bewusstsein; permanente Ideologiekritik)
b) Faktenbeurteilung (Verbreiterung des didaktisch relevanten Tatsachen-Wissens/Überprüfung des Einflusses durch die Humanwissenschaften ermittelten Fakten)
c) Formenanalyse (Untersuchung der Effektivität der im Unterricht eingesetzten Verfahren, Methoden und Organisationsstrukturen)

Modell ist kein Verlaufsmodell, sondern statisch,
→ deshalb wird für den **Verlauf einer Unterrichtsstunde oder -einheit** ein zusätzliches Schema mit folgenden Kategorien angeboten:
- erwartetes Schülerverhalten
- geplantes Lehrerverhalten
- didaktischer Kommentar

Schulz fügt die Prinzipien, die Strukturmomente und das Verlaufsschema zusammen und erhält:
1. die „drei Prinzipien der Planung"
2. die „Struktur des Unterrichts"
3. die „Verlaufsplanung"

Berliner Didaktik entwickelt sich zur Hamburger Didaktik - aus der lerntheoretischen wird die lehrtheoretische Didaktik

Nach Heimanns Tod entwickelte **Schulz** das Berliner Didaktikmodell weiter.

Aspekte der Hamburger Didaktik:

- Schulz greift auf Heimanns Strukturmomente der lerntheoretischen Didaktik zurück, aber ergänzt sie durch Leitbegriffe und Lehrformeln aus den progressiven Didaktiken → danach ist das Wesen des Unterrichts „intentionale pädagogische Interaktion" mit „Lehrern und Schülern als sozial Handelnden"
- allgemeines Ziel des Unterrichts ist die „Entfaltung der Schüler-Person", beherrschende Idee ist die Emanzipation, hinzu kommen Kompetenz, Autonomie, Solidarität mit „skeptischem Reformismus" als Leithaltung
- die „Thematik des Unterrichts" ist „Sach-, Sozial- und Gefühlserfahrung", der „Modus des Unterrichts" die Antizipation herrschaftsfreier Kommunikation" begleitet von „laufender Plankorrektur"
- das neue didaktische Modell enthält die Strukturmomente Unterrichtsziele, Ausgangslage, Vermittlungsvariablen und Erfolgskontrolle

→ Hamburger Modell von Schulz ist **komplizierter und weniger überschaubar**; es ist zu einem terminologischen Konglomerat geworden

Kritik an der lerntheoretischen Didaktik von Heimann:

- halbwegs vollständiges Raster zur Erfassung von Unterricht

- leicht verständlich (auf den Aspekt der Strukturanalyse reduziert)

- fachdidaktisch indifferent, allgemein gültig

- Bisher ausgeklammerter Gesichtspunkt der Wichtigkeit des Lehrstils, der Haltung und Persönlichkeitsstruktur des Lehrers wird hervorgehoben (anthropogene Bedingungen) → ausführliche Analyse der Bedingungen (zuvor noch nie da gewesen)

- Das lerntheoretische Didaktikmodell ist nicht, wie es den Anspruch erhebt, wertneutral und Ideologiefrei. ABER: Wertneutralität bezieht sich nur auf Modell mit seinen Strukturmomenten, nicht auf Inhalte und auch nicht auf das Wissenschaftsverständnis bei Heimann. (Nach Erfahrungen des Zweiten und Dritten Reiches, forderte er, dass Wissenschaft weitgehend unabhängig von Weltanschauungen, Ideologien und Theologien zu sein habe. Wissenschaft soll allein der Erkenntnis dienen.)
- unpolitische, wertfreie Analyse

- Interdependenz-These konnte **keine** nennenswerte empirische Unterrichtsforschung oder aber eine praktische Orientierung des methodischen Handelns bewirken

- Entscheidungen (der Lehrer) innerhalb der Entscheidungsfelder als „Akt der Freiheit". Unklar, ob die Lehrer so entscheiden sollen, wie es ihrem Freiheitsbedürfnis entspricht oder wie ihre Vorlieben sind.
- Inhaltliche Handlungsempfehlungen werden nicht vorgegeben
- Entscheidungsverhalten der Schüler kommt nicht vor (lehrerzentriertes Modell)

- Lernen als Leitbegriff findet in Modell und Theorie später keinen Platz und wird damit entbehrlich. Lernbegriff scheint nur dazu zu dienen, Heimanns didaktische Überlegungen von der bildungstheoretischen Didaktik abzugrenzen (z. B. von Klafki). Heimann stellt keine empirisch gehaltvolle Lerntheorie bereit, aber erarbeitete eine handlungsorientierte Bildungstheorie, die er allerdings nicht zuende führte.

- Das lerntheoretische Modell verkürzt die Unterrichtswirklichkeit (→reduktionistische Tendenzen, da die Komplexität von Unterricht zu sehr vereinfacht wird). ABER: Vorwurf müsste dann für jede Theorie und für jedes Modell gelten. Wissenschaftler muss sich damit begnügen, Wesentliches der Wirklichkeit analytisch und überschaubar zu erfassen, um es zu begreifen.

- Lernen als Leitbegriff hat dazu geführt, Heimanns Didaktik als positivistisch oder behavioristisch zu bezeichnen. (Bei Pädagogen ist diese Bezeichnung meist Abwertend. Dem Positivismus und Behaviorismus fehlen die „gesellschaftlichen Implikationen".) Vorwurf des Behaviorismus bezieht sich auf den Lernbegriff. ABER: Lernpsychologie ist nicht mit Behaviorismus gleichzusetzen.

- Das lerntheoretische Modell fördert besonders das technologische bzw. technokratische Denken und Handeln (→wieder Vorwurf der Einseitigkeit; basiert auf Skepsis gegenüber dem technisch-technologischen-technokratischen Zeitalter; Enthumanisierung der Schule durch Sprachlabors, Tageslichtschreiber und Taschenrechner, verbunden mit der zunehmenden Distanzierung des Lehrers vom Schüler). ABER: Zu kritisieren ist dabei nicht die Technologie, sondern der Lehrer, der sie missbraucht, wenn sie nicht im Dienst der Didaktik steht, also als Lernhilfe.

- Konkretisierung und Systematisierung der Strukturmomente blieb aus. Heimann legte Ansätze dazu für die Intentionen vor, konnte sich mit dieser Systematik jedoch nicht durchsetzen.

PETERßEN 2001, Lehrbuch Allgemeine Didaktik, S. 40ff

Zur Entstehung des Berliner Modells:
Kritik an der Lehrerbildung: Lehrer werden nicht angemessen auf berufliche Aufgaben vorbereitet
- Heimann ist bestrebt, den zukünftigen Lehrer in seiner Ausbildung den Prozess der Theoriebildung selbständig vollziehen zu lassen, um ihn auf diese Weise theoriefähig zu machen (Fähigkeit zur eigenen Theoriebildung entwickeln)
- 1960 Einführung des *Didaktikums* an der Pädagogischen Hochschule Berlin → verlangt nach Möglichkeit, die didaktische Wirklichkeit geordnet zu erfahren und ein Muster zum Vergleich zu haben → Heimann sucht nach einer Theorie der Didaktik

- Heimann baut seine didaktische Theorie auf dem Strukturbegriff auf, entwirft eine strukturtheoretische Didaktik, die den zukünftigen Lehrer mit den Bedingungen des Unterrichts bekannt macht

Kritik am Bildungsbegriff:
- die bildungstheoretische Didaktik sei zu weit vom tatsächlichen Geschehen im Unterricht entfernt → Kluft zwischen Theorie und Praxis des didaktischen Handelns; daher bezeichnet Heimann die Vorgänge im didaktischen Bereich als Lehr- und Lernvorgänge, um dem Lehrer eine bessere Orientierungshilfe zu sein
- Bildungsbegriff sei ideologisch aufgeladene Begriffsbildung; Heimann möchte sich von „politisch belastetem Begriff" sowie von der „bildungsphilosophisch" geführten Diskussion abwenden, die stets normative Aussagen impliziert und vorwiegend spekulativ ist; Heimann will didaktische Theorie, die weder Normen setzt noch auf bestimmte Verfahrensweisen beschränkt ist
- mit Bildung wird nur ein Ausschnitt des didaktischen Geschehens bezeichnet, Heimann aber möchte eine „Totalerfassung" der didaktischen Vorgänge

Heimann hat als erster die Medienwahl von den methodischen Entscheidungen abgehoben. Er begründet die Ausgliederung damit, dass durch die Einführung moderner technischer Medien in den Unterricht die strenge Eigengesetzlichkeit von Medien immer deutlicher zutage träte. Medienentscheidungen können im Unterricht einen solches Gewicht haben, dass Inhalte und Methoden dem Gewählten Medium angepasst werden müssen.

Stimmigkeit ist das einzige vorgegebene Maß: die **didaktischen Entscheidungen müssen aufeinander und mit den situativen Bedingungen abgestimmt sein** (da Interdependenz).

7. Berufsorientierung (Vorstellungsgespräch)

Das Vorstellungsgespräch wird in vielen Ratgebern - sowohl von Theoretikern als auch von Praktikern - immer noch als das Herzstück des gesamten Bewerbungsvorganges bezeichnet. Für den Arbeitgeber dient es als Hilfsmittel zur Entscheidungsfindung über Akzeptanz oder Ablehnung eines Bewerbers.
Als Vorstellung bezeichnet man im Arbeitsrecht „das Aufsuchen eines Arbeitgebers durch den Arbeitnehmer zur Stellensuche" (Mayers großes Taschenlexikon, Band 24, S. 182): Es ist eine Art Verkaufsgespräch, welches zwischen zwei Menschen stattfindet, die nicht unbedingt gleichgestellt sind, denn der Einstellende trifft letztendlich eine Entscheidung, ob der Bewerber geeignet ist oder nicht. Er gebraucht seine eigenen Spielregeln: stellt unerwartete, doppelsinnige Fragen, registriert und bewertet die spontanen und die überlegten Reaktionen der Bewerber. Wer sich bewirbt, sollte daher umfassend gut vorbereitet sein. Seine Rolle muss man gut beherrschen, mit dem verständlichen Lampenfieber umgehen können und ruhig und souverän handeln.
Im Vorstellungsgespräch zählen immer weniger Zeugnisse, Titel, Kenntnisse oder Referenzen als vielmehr das persönliche Verhalten – das Auftreten, das Agieren und das Reagieren. Dies lässt sich auf jeden Fall trainieren durch gewissenhafte Vorbereitung und das Durchspielen aller Eventualitäten. Besonders Jugendliche unterschätzen die schwierige Aufgabe, sich zum ersten mal mit einem konkreten Ziel vor Augen einem anderen darzustellen und ein möglichst positives Bild von sich zu übermitteln. Dabei nehmen sie auch häufig eine Abwehrhaltung ein, ihr eigenes Erscheinungsbild kritisch zu betrachten.

Ein erster Schritt ist, sich zunächst einmal über den **Sinn eines Vorstellungsgespräches** Gedanken zu machen und herauszufinden, warum man sich intensiv darauf vorbereiten sollte.

Das Vorstellungsgespräch findet statt zwischen der Bewerbung und einer Zu- bzw. Absage. Wieso muss ich mir also noch die Mühe machen, mich vorzustellen, wenn der Arbeitgeber sowieso schon in meinen Bewerbungsunterlagen alles über mich erfahren hat? Es gibt gewisse Ziele, die der Arbeitgeber während eines Vorstellungsgespräches verfolgt, aber auch der Bewerber sollte sich seiner Ziele bewusst sein.

Ziele des Arbeitgebers:
- Er möchte mehr über den Bewerber wissen, um seinen Charakter zu beurteilen und seine fachliche und persönliche Qualifikation herausfinden und beurteilen. Dabei steht der persönliche Eindruck im Vordergrund: Er knüpft an seine Erwartungen an, prüft sie und entscheidet anschließend.
- Er möchte sich überzeugen, ob sein Bild stimmt (ob der Lebenslauf mit persönlicher Darstellung übereinstimmt).
- Er möchte prüfen, ob der Bewerber zum Betrieb passt, bzw. in die zu besetzende Arbeits- oder Ausbildungsstelle.

Ziele des Bewerbers:
- Er möchte sich darstellen (zeigen was man kann und wer man ist).
- Er möchte mehr über den Betrieb erfahren und evtl. Fragen stellen können.
- Er möchte sich darüber klar werden, ob er die Stelle in diesem Betrieb wirklich haben möchte (Fühlt er sich dort wohl? Wird er menschlich behandelt?).
- Er möchte seinen möglicherweise zukünftigen Arbeitgeber persönlich kennen lernen.

Damit die Vorstellung für beide Seiten möglichst optimal verläuft, muss der Bewerber vor und während des Gesprächs eine ganze Reihe von inhaltlichen und mentalen **Vorbereitungen** treffen:

1. **Informationen** über die Ausbildung (Dauer, Art, usw.), den Beruf (Tätigkeiten, Verdienst, usw.) und die Firma (Anzahl der Mitarbeiter, Dienstleistungen und Produkte, Umsatz, Marktanteile, Betriebsklima, usw.) **einholen.**
   Diese Informationen erhalte ich im Internet (Homepage der Firma), in der regionalen und überregionalen Presse, durch Einblick in die handelsregisterlichen Eintragungen beim Amtsgericht, im Freundes- und Bekanntenkreis, bei der örtliche Industrie- und Handelskammer, usw.

2. **Angemessene Kleidung auswählen**
   Jeder Mensch wird nach dem „ersten Eindruck" beurteilt und eingeordnet. Gerade beim Vorstellungsgespräch spielt der erste Eindruck eine große Rolle, weil ein Bewerber in kurzer Zeit möglichst viel Positives zum Ausdruck bringen muss. Ein schlechter Eindruck lässt sich dann nur schwer wieder rückgängig machen. Außerdem werden von der Kleidung Rückschlüsse auf das Arbeitsverhalten gezogen. Grundsätzlich gibt es keine festen Regeln für die Bekleidung, aber man sollte sich so anziehen, wie man es hinterher auch am Arbeitsplatz tun muss. Dabei sind gewerbliche Arbeitnehmer natürlich ausgenommen. Außerdem ist auf folgende Details zu achten:
- Gepflegtes äußeres Erscheinungsbild
- dezenter Schmuck, kein übertriebenes Makeup, sparsamer Gebrauch von Parfum
- körperliche Reize nicht allzu sehr zur Schau stellen
- saubere Schuhe, Fingernägel und Hände
- keinen Kaugummi kauen
- Kappe/Mütze ablegen
- Augen nicht hinter einer verspiegelten Sonnenbrille verstecken

Die Kleidung soll der Situation angemessen sein und man soll sich gleichzeitig auch darin wohlfühlen. Das verstärkt die Selbstsicherheit während eines Gespräches mehr als schlecht sitzende und kneifende, aber teure Bekleidung.

3. **Unterlagen rechtzeitig zusammensuchen und mitnehmen**
   Folgende Unterlagen und Materialien sollte man in einer einfachen Kollegmappe mitnehmen:
   - Das Einladungsschreiben
   - Die kompletten Bewerbungsunterlagen
   - Mappen mit grafischen Proben
   - Einen Terminkalender
   - Examensarbeit, Diplomarbeit oder Dissertation
   - Schreibmaterial

4. **Pünktlich erscheinen**
   Man muss pünktlich, aber nicht überpünktlich zum Vorstellungsgespräch erscheinen. Dafür stellt man sich am besten zwei Wecker, um rechtzeitig aufzustehen und nicht zu verschlafen. Die Fahrverbindung sucht man sich früh genug heraus oder geht den Weg am Tag zuvor schon mal ab. Man sollte auch nicht vergessen, sich nach dem Gebäudeteil, bzw. Zimmer zu erkundigen und wissen, von wem man erwartet wird. Falls dennoch eine Verspätung vorkommt, ruft man in der Firma an, um wenigstens bescheid zu sagen.

5. **Verhalten und Einstellung während des Vorstellungsgespräches**
   Dieser Punkt ließe sich hier nun in aller Ausführlichkeit behandeln, aber der Rahmen der Sachanalyse würde gesprengt. Deshalb nur einige kurze Ratschläge:
   - Selbstbewusstes Anklopfen und erst dann die Tür öffnen, wenn man dazu aufgefordert wird
   - Aufrechter Gang
   - Begrüßung des Gesprächspartners mit Namen und Händedruck
   - Erst dann hinsetzen, wenn der Gesprächspartner dazu einlädt
   - Ruhig und entspannt sitzen, aber mit Haltung
   - Blickkontakt halten
   - Eigene Persönlichkeit gut einschätzen (Fähigkeiten, Erfahrungen, Schwächen, Interessen, usw.)
   - Gut zuhören und auf Gesagtes angemessen reagieren
   - Sich selbst verkaufen, aber ehrlich bleiben (Was erzähle ich über mich selbst; z.B. von meiner Familie, meiner Schulzeit, meinen Hobbys, usw.?)
   - Höflich und selbstbewusst/selbstsicher sein
   - Eigene Fragen formulieren;
     z.B.: Welche Zukunftschancen habe ich in ihrem Haus?
     Können Sie mir eine Stellenbeschreibung geben?
     Mit welchen Materialien, Maschinen und Systemen muss ich umgehen?
     Warum wurde meine Stelle frei und wer war mein Vorgänger?
     Habe ich Urlaub?
     Was verdiene ich?
     Wann bekomme ich von Ihnen bescheid?
   - Verabschiedung des Gesprächspartners

Es wird schwierig sein, all diese Gesichtspunkte zu berücksichtigen und hinzu kommt letztendlich noch die Aufregung, aber je besser man vorbereitet ist, desto sicherer fühlt man sich auch selbst.

8. Sozialformen – Aktionsformen

- Genaue Aufgliederung der beiden Begriffe ist oft noch uneinheitlich, da sie sehr stark miteinander verknüpft sind
- Zwei von mehreren Entscheidungsebenen, die bei der Wahl der Unterrichtsmethode eine Rolle spielen
- In der aktuellen Ausbildungspraxis besteht literaturgestützter Konsens, dass es nur **FÜNF Sozialformen** (grafisch darstellbar) gibt:
  1. Frontalunterricht
  2. Einzelarbeit
  3. Gruppenarbeit
  4. Partnerarbeit
  5. Klassenkooperation (Lehrer tritt als Leitender in den Hintergrund, z.B. Bildbetrachtung: Entwicklung einer Schülergesprächs)
  (geordnet nach Häufigkeit)

Aktionsformen (nach Meyer: Handlungsmuster)

Definition:
- Historisch gewachsene Formen der Aneignung von Wirklichkeit (von Lehrern und Schülern mehr oder weniger fest verinnerlicht)
- Sind in sich zielgerichtet
- Haben einen bestimmten Anfang und ein Ende
- Zweck: Steigerung der Lernleistung

Früher:
- militärischer Unterrichtsstil; das ausführen, was der Lehrer sagt
- Formalstufen nach Herbart, Rein und Ziller: Vorbereitung, Darstellung, Verknüpfung, Zusammenfassung, Anwendung (im Frontalunterricht)
- Willmann: anschauen, denken, anwenden

Heutige Aktionsformen:
- Unterrichts<u>gespräch</u>

Historische Entwicklung: nach Diesterweg;
- gebundenes – gelenktes - zielgerichtetes Gespräch nach Gaudig (Entwicklung: Katechisieren → Lehrergespräch)
- Sokratischer Dialog → fragend-entwickelndes Gespräch
- Disputatio → Diskussion, Streitgespräch, Debatte (stark verregelte Gespräche)
- Freies/offenes Gespräch nach Berthold Otto → Schülergespräch

- früher: 1. Partizip Präsens (fragend-entwickelnd, darbietend, etc.)
- heute:
  Lehrer-Schüler-Tätigkeit (äußere Seite): wiederholen, aufnehmen, wiedergeben, produzieren
  Aufbau und Weiterentwicklung von Handlungskompetenzen (innere Seite)
  Präzisierung: L.-S.-Gespräch, S.-S.-Gespräch

- Betreute Schülertätigkeit
- Stillarbeit
- Lehrervortrag
- Katechisieren (in Frage- und Antwortform aufgebauter Unterricht, Essentielles, Kurzform eines Wissensinhalts, Automatisierung)

- Schülervortrag
- Selbstständige Schülertätigkeit
- Demonstration
- Diskussion
(geordnet nach Häufigkeit)

Sozial- und Aktionsformen sollten sinnvoll miteinander verknüpft werden, so dass sach- und adressatengerechte Wechsel stattfinden. → Variation: Entwicklung einer Methodenkultur

Heutige Situation:

- Unausgewogene Bevorzugung von Sozial- und Aktionsformen mit hoher Lehrerlenkung (eine Überlegenheit wurde bis heute noch nicht empirisch nachgewiesen, für die Zufriedenheit der Schüler ist die Auswahl der Aktionsform wichtiger)
- Vermittlung von Wissen und die Förderung intellektueller Fähigkeiten sind Hauptziele des Unterrichts; weniger die Handlungen und die Veränderung des Verhaltens

9. Fruchtbarer Moment (Copei) – Punkt der Erkenntnis

Friedrich *Copei* (1902 - 1945), ein Schüler des Geisteswissenschaftlers Eduard Spranger, entwickelte eine **Methode, die die Aufmerksamkeit des Lehrers ganz speziell auf die geistigen Prozesse des Schülers richtet.** Der Unterricht soll auf **spannende Fragestellungen** aufbauen, so dass sich für die Schüler ein "fruchtbarer Moment" ergibt. Dabei spielt die **Geistesgegenwart/Flexibilität des Lehrers** die entscheidende Rolle. Denn er muss die Gelegenheit nutzen, indem er diesen "fruchtbaren Moment" bei den Schülern, der sich mehr oder weniger aus einer "glücklichen Unterrichtssituation" ergibt, in seinen Unterricht einbauen und damit gegebenenfalls vom ursprünglich geplanten Ablauf ablässt. Der Lehrer greift nur wenig ein und nutzt den Anstoß, den ein Zufall gab, wirksam aus.

Dieser fruchtbare Moment tritt natürlich nicht auf äußere Anweisung des Lehrers ein, kann nicht pädagogisch "hergestellt" werden. Es können nur atmosphärische Rahmenbedingungen, eine günstig strukturierte Umwelt und ein angstfreies Klima vorbereitet werden. Zu den Rahmenbedingungen gehört auch die Freiheit und die Zeit, sich einlassen zu können und Anforderungen, die fordern, aber nicht überfordern.

2. Hälfte des letzten Jh.
Deutscher Bildungsrat: Lehr- und Lernverhalten soll sich zu einem Informations- und Beratungsverhalten versachlichen
Heute: Erkennen/Aha-Erlebnis (z.B. Farbe beim Kauf eines Pullovers)
- kaum definierbar
- psychologisch-intelektuelle Kombination
- Sympathie ⇔ Antipathie

(nach STEINDORF, G.: Grundbegriffe des Lehrens und Lernens und JANK;MEYER)

- Problemlösendes Lernen / Lernen durch Entdecken
- Vom Lerner werden Neuleistungen verlangt
- Individuum kennt weder die Antwort, noch kann es die fertige Formel bei einer ‚maßgebenden Quelle finden; es muss sie sich vielmehr selber erarbeiten
- Neu auftauchendes Problem muss prinzipiell lösbar sein, wenn es auf den Lernenden nicht frustrierend wirken soll
- Drei Arten von Problemlösungen:

- Versuch und Irrtum
- Einsichtiges Begreifen
- Kreatives Verhalten

Je älter man wird, desto mehr lässt man von Trial and Error ab und setzt zunehmend gelernte Regeln und Konzepte ein

Prozessstadien:

- Auftauchen des Problems selbst (anstehende Schwierigkeit muss vorerst verstanden werden, stutzen, fragen)
- Durchspielen verschiedener realutopischer Möglichkeiten (Vermutungen anstellen, Probieren und Beobachten, Ordnen, Analysieren, Vergleichen, Feststellungen machen, Einsicht gewinnen)
- Entwurf eines Lösungsplans
- Entscheidung für den rechten Weg

Die aufgezeigten Stufen erinnern an das Zustandekommen des „fruchtbaren Moments" nach Copei.

http://www.wipaed.wiso.uni-goettingen.de/~ppreiss/didaktik/ugespr6.html

Der **Flow** beschreibt das Gefühl scheinbar müheloser Bewegung und Harmonie; sich in einer Sache zu verlieren. Obwohl oft mit hoher körperlicher Belastung oder disziplinierten geistigen Aktivitäten einhergehend. Es ist ein Zustand des selbstvergessenen Aufgehens im Augenblick, weder störende Umwelteinflüsse, noch düstere Gedanken oder das eigene Ich werden wahrgenommen. Das Zeitgefühl geht verloren oder die Zeit wird sehr verzehrt wahrgenommen. Stunden vergehen wie im Flug, Sekunden erscheinen wie Minuten. Es kommt zu einer vollständigen Übereinstimmung von Wahrnehmungs-, Gefühls- und Bewegungsfunktionen.

Dieser besondere **Bewusstseinszustand innerer Sammlung** wird von Friedrich Copei "fruchtbarer Moment", von Maria Montessori "Polarisation der Aufmerksamkeit" und vom amerikanischen Soziologen Mihaly Csikszentmihalyi als "Flow" bezeichnet.

Eine solche selbstvergessene Hingabe - beim Lesen, in der Forschung, beim Spielen eines Instruments u.a.m. - dürfte wohl jedem bekannt sein. Spielende Kinder sind sehr häufig in diesem Zustand. Die Kindheit, die rückblickend oftmals als ganzheitlicher Lebensabschnitt erinnert wird, erscheint in starkem Maß vom "Flow"-Erleben geprägt zu sein. In diesem Zustand werden die individuellen Fähigkeiten stark gefordert und auch gefördert. Irgendwann fallen Kinder aus diesem Wahrnehmungszustand heraus und beginnen auf die an sie gestellten Aufgaben mit Angst und Stress oder Langeweile zu reagieren.

10. Exkursion/Öffnung des Unterrichts (Methodische Großform)

JANK/MEYER: Unterrichtsmethoden I, S. 144 und Didaktische Modelle, S. 327 ff.

Begriffsursprung:
(lat. excursio „das Hervorlaufen, Ausflug"; zu ex „aus" + currere „laufen")

Allgemein
- wurde bereits von den Philanthropen durchgeführt
- gehörte zum festen Bestandteil der Unterrichtstheorie und –praxis der Herbartianer
- besonders auch bei den Reformpädagogen beliebt
- wichtige Methode besonders in der AL
- dient dem allgemeinen Erkenntnisprozess (auch Praktikum: legt nicht auf Berufswunsch fest)
- praktische Umsetzung des theoretischen Lernstoffes
- sinnlich, anschauliche (ikonische) Erfahrung
- reale Begegnung (Besichtigung, Überprüfung, Gespräch)
- Es geht nicht nur um Wissenserwerb, sondern auch um das soziale Klima im Klassenverband und um Selbsterfahrung im Umgang mit neuen Situationen
- Unterricht, aber der Klassenraum wird verlassen

Unterschiedlich akzentuierte **Begriffe**:
- Besichtigung (anschauen)
- Erkundung (z.B. Betriebserkundung mit speziellem Auftrag)
- Praktika (eigene Erfahrung)
- Expertenbefragung (rausgehen oder Experten einladen)
- Wandertag, Klassenfahrt, Studienfahrt

Funktionen
- erste Einführung in ein neues Unterrichtsthema
- Vertiefung und Veranschaulichung
- Ergebnissicherung
- Für den Lehrer: nicht aus den Anforderungen des Lebens zurückziehen

Institutionelle Trennung von Schule und Arbeit, Lernen und Leben soll punktuell zurückgenommen werden. Dennoch werden Exkursionen eher selten durchgeführt, weil sie nur schlecht in den Zeitrhythmus der Schule einzufügen sind und weil sie umfangreiche Vorbereitungen erfordern.

Ablaufschema

Grob: langfristige Planung, konkrete Vorbereitung, Durchführung, gemeinsame Auswertung

1. Vorbereitung
- Der Lehrer bereitet sich langfristig auf die Exkursion vor (z.B. Terminvereinbarung, . . .)
- Der Lehrer trifft direkte Vorbereitungen (z.B. Materialbeschaffung, Elterninformation, . . .)
- Der Lehrer bereitet die Schüler inhaltlich, methodisch und auch emotional auf die Exkursion vor
- Manchmal auch: Rechtsbelehrungen, Verkehrserziehung, Fahrradkontrolle

2. Durchführung
- Gestaltungsmittel anwenden (Polarisation, Rätsel, Fragenkatalog, Verfremdung von Erwartungen inszenieren)
- Aufgabenstellung für die Schüler (festgestecktes Ziel, aber frei wählbarer Weg)
- Zeitmanagement
- Häufige Gruppen- oder Partnerarbeit
- Auf Ängste und Verhaltensunsicherheiten gefasst sein und darauf eingehen
- Lehrer muss für Fragen zur Verfügung stehen
3. Auswertung (Gespräch, Dokumentation)
- ist im Falle eines abschließenden Höhepunkts einer Unterrichtseinheit nicht unbedingt notwendig
- Rückbezug von der Praxis zur Theorie

Lehrziele und Lernerfolge

Es gibt kaum empirische Erhebungen über die Lerneffektivität, aber vielfältige Erfahrungsberichte.
- Schulung der Wahrnehmung: Schulumwelt sinnlich-anschaulich nahe bringen
- Aktivierung der Selbsttätigkeit der Schüler
- Größere Problemzusammenhänge und Wechselwirkungen erfahren lassen
- Menschliche Eingriffe in die Natur analysieren
- Soziales Lernen (z.B. Rücksichtnahme, Gruppenarbeit, Abstimmung unterschiedlicher Interessen, Übernahme einer Teilverantwortung)
- Abwechslung vom grauen Schulalltag

A und O ist eine gute Vorbereitung und Motivation der Schüler. Langfristig, positive Folgen fast jeder Exkursion.

11. Rahmenlehrplan

§ 10 Rahmenlehrpläne für Unterricht und Erziehung
    (1) Der Bildungs- und Erziehungsauftrag der Schule wird auf der Grundlage von Rahmenlehrplänen erfüllt.
§ 11 Rahmenlehrplankommissionen
    (1) Die für das Schulwesen verantwortliche Senatsverwaltung setzt Kommissionen ein: Fachwissenschaft, Fachdidaktik, Schulpraxis, gesellschaftlich relevante Gruppen (bes. aus der Wirtschaft). Mitglieder werden vom Senat berufen.
    (3) Die Rahmenlehrpläne werden von der Senatsverwaltung als Verwaltungsvorschrift erlassen.

Landesschulrat:
Die Rahmenlehrpläne bilden einen Rahmen, der von Lehrern auf der Grundlage der geltenden Gesetze und Vorschriften in eigener Verantwortung auszufüllen ist. In ihnen kommt die **staatliche Verpflichtung für Erziehung und Unterricht** ebenso zum Ausdruck wie der **unerlässliche Handlungsspielraum für die pädagogische Arbeit** der Lehrer. Sie sind **Grundlage für die didaktischen Überlegungen und Entscheidungen** der Lehrer.

Rahmenpläne sind eine verbindliche Richtschnur.
Zweck:
- **Offenlegung** der **Unterrichts- und Erziehungsarbeit**
- **Vergleichbarkeit** von Unterrichtszielen und -inhalten ebenso wie von Schulabschlüssen gewährleisten

Arbeitslehre:
Gegenstand des Faches Arbeitslehre sind die zwei großen Bereiche Erwerbs- und Hausarbeit.
Die Bereiche Technik, Hauhalt, Wirtschaft und Beruf werden in einem Fach integriert und miteinander verflochten (Interdependenz).
Der Rahmenplan gilt für alle Schulen des Sekundarbereichs I.
Für Gesamt- und Realschulen sind Pflicht- und Wahlpflichtbereich gesondert ausgewiesen.
An der Hauptschule ist die Arbeitslehre nicht geteilt.

Wahlpflichtbereich an Gesamt- und Realschulen:
7. und 8. Jahrgang: jeweils 3 Projekte
       7. Jahrgang: Textil – Holz, Metall und Kunststoff – Lebensmittel
       8. Jahrgang: Signal und Daten – Holz, Metall und Kunststoff – Lebensmittel
9. Jahrgang: Arbeit im sozialen, im kaufmännisch-verwaltenden und im gewerblich-technischen Bereich
10. Jahrgang: Lernbüro, Sozialisation und Zusammenleben, Bauen und Wohnen, Programmgesteuerte Fertigung, Wirtschaften im Haushalt (Zwei von fünf Bereichen werden ausgewählt)

Pflichtbereich:
8. Jahrgang an Gesamtschulen: ITG , technische Kommunikationsformen
9. und 10. Jahrgang an Gesamt- und Realschulen: Berufsorientierende Maßnahmen, Betriebspraktikum

in früheren Rahmenplänen: Dreidimensionalität einer Projektidee: technisch, wirtschaftlich, gesellschaftlich
im Rahmenplan von 99/2000 aufgegeben, stattdessen: Projektskizze mit Projektgegenstand in der Mitte und drum herum 12 Projektdimensionen (Bedingungsfelder menschlicher Arbeit):
- Berufsorientierung
- Technikeinsatz
- Symbolische Darstellungsformen
- Ökonomie
- Ökologie
- IuK
- Verbraucherverhalten
- Gesellschaftliche Arbeitsteilung
- Produktgestaltung und Design
- Historische Entwicklung
- Waren- und Werkstoffkunde
- Arbeitssicherheit und Gesundheit

12. Schulgesetz für Berlin 1948 / 2004

kaum Änderungen in **§ 1 Aufgabe der Schule**:

1948 wurde noch die „Umgestaltung der deutschen Lebensweise" und „der nazistischen Idee entgegenstehen" erwähnt, die heute folgendermaßen abgeändert wurde:
„Heranbildung von Persönlichkeiten, welche fähig sind, der Ideologie des Nationalsozialismus und allen anderen zur Gewaltherrschaft strebenden politischen Lehren entschieden entgegenzutreten sowie das staatliche und gesellschaftliche Leben auf der Grundlage der Demokratie, des Friedens, der Freiheit, der Menschenwürde, der Gleichstellung der Geschlechter und im Einklang mit Natur und Umwelt zu gestalten."

„Dabei sollen . . . zur Demokratie wesentlichen gesellschaftlichen Bewegungen, (d.h. das ganze kulturelle Erbgut der Menschheit, einschließlich des deutschen Erbgutes,) ihren Platz finden."
→ Klammer fehlt im Schulgesetz von 2004

§ 4 Grundsätze für die Verwirklichung
(6) Jede Schule ist für die Erfüllung des **Bildungs- und Erziehungsauftrags** verantwortlich

13. Entwicklungsgang der Bildung in den 70er bis 90er Jahren in Berlin (Entwicklung der Gesamtschule)

erste Gesamtschule: 1968

Reformschritte

1. Schülerzusammensetzung
- Die Gesamtschule führt in Berlin mehr Schüler als aus der Grundschulempfehlung ableitbar zu höheren Abschlüssen, hält damit Schullaufbahnen länger offen und erhöht ganz allgemein die Chancen der Gesamtschüler
- Aufgrund einer schnellen Ausweitung der Gesamtschulen in den 70er Jahren, veränderte sich die Schülerzusammensetzung
- Weg von der Quotenzuordnung nach der Grundschulempfehlung (1/3-Quotierung)
- Hin zu einer Unterrepräsentanz der gymnasial-empfohlenen Schüler
- Bei Beibehaltung der konstitutiven Bedingungen sollte der Ansatz Gesamtschule aufrechterhalten werden und nicht allein von der Schülerzusammensetzung abhängen

2. Erneuerung der Inhalte – Curriculumentwicklung
- Welche Inhalte muss die Schule anbieten, um den erreichten Entwicklungsstand in verschieden Bereichen angemessen zu berücksichtigen?
- Modernitätsrückstand soll aufgeholt werden (Schule hinkt meist ca. 10 Jahre zurück bis reflektiert wird und neue Rahmenlehrpläne entwickelt werden)
- Arbeitslehre vermindert z.B. den Modernitätsrückstand zur Arbeitswelt
- Allgemeinbildung vs. Berufsausbildung (Spezialwissen)
- Problematik: Was ist Allgemeinbildung?
- Kanon von Wissen, das alle haben, bzw. alle wissen sollten?
- Daraus müsste eine Gleichberechtigung der Fächer folgen, die nicht gegeben ist

3. 10. Pflichtschuljahr
- Gesamtschule war seit 1968 auf ein vierjähriges System in der Mittelstufe angelegt.
- Mit der Schulzeitverlängerung wurde die 10. Klasse Abschlussjahr des Sekundarbereichs I.
- Die Berliner Schule fand Anschluss an den internationalen Vergleich

4. Organisationsformen
- gegliederte Schule
- kooperative Gesamtschule (innerhalb eines Gebäudes aufgegliederte Schulform)
- Gesamtschule (FEGA-System → FE/GA-System

5. Öffnung der Schule
- Exkursion
- Lehrgang
- Übung
- Praktikum etc.

6. Ganztagsschule
7. Schulfernsehen

Die **Ständige Konferenz der** Kultusminister **der Länder** in der Bundesrepublik Deutschland (Kurzform: **Kultusministerkonferenz,** Abkürzung **KMK**) ist ein Zusammenschluss der in den jeweiligen Landesregierungen für Bildung und Erziehung, Hochschulen und Forschung, Kunst, internationale und europäische Angelegenheiten, pädagogischen Austauschdienst, ausländisches Bildungswesen, Qualitätssicherung und Statistik, sowie kulturelle Angelegenheiten zuständigen Minister beziehungsweise Senatoren. Da in der Bundesrepublik die Kulturhoheit bei den Ländern liegt, hat sie die Aufgabe, bildungs- und kulturpolitische Fragen mit überregionaler Bedeutung zu koordinieren. Sie wurde **1948 gegründet** und ist damit die älteste Ministerrunde der Bundesrepublik (älter als das Grundgesetz).

Die KMK unterhält ein Sekretariat mit (noch) über 200 Mitarbeitern, überwiegend Beamten, das wie eine Behörde oder ein Ministerium aufgebaut ist. 2004 kündigte Niedersachsen den Staatsvertrag, auf dem die Tätigkeit und Finanzierung dieses Sekretariats beruht, zum Ende des Jahres 2005 [?]. In der Öffentlichkeit wurde dies verkürzt als "Kündigung der KMK" rezipiert. Inzwischen scheint durch Ministerpräsidentenbeschluss gesichert, dass das Sekretariat über 2005 hinaus mit verringertem Etat fortbestehen wird.

www.edditrex.de/guenther/interessen/Didaktik_Steinbruch.pdf (Allgemeine Didaktik)